AF227356

RECHERCHES

SUR

LA DESTRUCTION DU CHRISTIANISME

DANS

L'AFRIQUE SEPTENTRIONALE

ET SUR

LES CAUSES QUI ONT RETARDÉ LA COLONISATION FRANÇAISE EN ALGÉRIE

PAR M. HENRY GUYS

ANCIEN CONSUL DE FRANCE DANS LE LEVANT

OFFICIER DE LA LÉGION D'HONNEUR, ETC.

PARIS

E. DENTU, ÉDITEUR

LIBRAIRE DE LA SOCIÉTÉ DES GENS DE LETTRES

PALAIS-ROYAL, 17 ET 19, GALERIE D'ORLÉANS

——

1865

RECHERCHES

SUR

LA DESTRUCTION DU CHRISTIANISME

DANS

L'AFRIQUE SEPTENTRIONALE

ET SUR

LES CAUSES QUI ONT RETARDÉ LA COLONISATION FRANÇAISE EN ALGÉRIE

PREMIÈRE PARTIE

I

Quand nos désirs nous portent à consulter l'antiquité, l'obscurité des siècles s'élève pour en dérober les secrets, et nous restons en face de ces lambeaux de connaissances que le temps a seuls légués à la postérité.

Ce n'est qu'à travers de vagues incertitudes qu'il nous a été permis d'apprendre comment l'Afrique septentrionale fut d'abord peuplée; nous rencontrerons aussi les doutes et les ténèbres en cherchant à savoir comment s'était opérée dans cette contrée la destruction du Christianisme après la grande extension qu'il y avait prise.

Résumant en conséquence les faits acquis, nous pouvons dire que les premiers habitants de cette partie de l'Afrique furent les Libyens et qu'ils provenaient, comme l'indique leur nom, de la Libye, colonie Grecque qui fleurit également sous les Romains; nous ignorons, toutefois, si ce peuple ne s'était pas implanté dans une race primitive, parce que l'histoire se tait sur ce point.

Les successions positives qu'elle nous fait connaître sont celles des Phéniciens nommés Tyrio-Cananéens et plus tard Berbères, des

Grecs, des Juifs, des Romains, des Francs ou Visigoths, des Vandales, des Byzantins suivis des Sarrasins et des Turcs.

On veut, au surplus, en s'appuyant du témoignage d'Hérodote, qu'une tribu Éthiopienne soit venue s'établir au sud des pays Berbères, et que ce soit à leur contact que les hordes de l'intérieur de l'Algérie doivent leur origine.

Les Juifs, jetés en Afrique par une des révolutions de l'Asie, n'y formèrent pas précisément un peuple considérable [1].

Ces transitions successives de peuples et de croyances, que mon séjour en Algérie me portait à étudier, me revinrent à l'esprit, depuis notre glorieuse conquête, surtout lorsque je lus la réflexion suivante de M. P. Duprat dans son savant ouvrage sur les races anciennes et modernes de l'Afrique septentrionale.

« Les plus grandes nations de l'Orient et de l'Occident ont campé, tour à tour, sur ce vaste théâtre ; le polythéisme de l'Asie et le polythéisme de l'Europe y ont régné ; l'Évangile et l'Islam y ont paru avec éclat. Comment toutes ces races et toutes ces idées ont-elle vécu dans ce milieu ? Voilà certes une des plus belles questions historiques qui puissent s'élever à travers les ruines, du sein du passé [2]. »

Sans doute, la solution de cette question réunirait tous les avantages si elle pouvait tourner au profit de notre patrie, car si le pays a été prospère pendant le règne du Christianisme et qu'il ait cessé de l'être sous le despotisme et l'indifférence des Musulmans, quoi de plus raisonnable que de recourir aux mêmes moyens, en vue d'un résultat identique ?

Les Arabes ont-ils changé de caractère, en passant du gouvernement tyrannique des Turcs, sous l'autorité tutélaire et bienveillante de la France ? Non. Ils sont donc instinctivement et fatalement portés à la plus complète nullité comme industriels, leur peu de capacité ne permettant de remplir que les vulgaires fonctions de simples agriculteurs.

En nous livrant ainsi aux recherches que cette cause inspire, notre but sera principalement de démontrer que la ruine de l'Algérie étant due à la destruction du Christianisme dans ce pays, l'intérêt de la France est de l'y rétablir progressivement, parce que sa domination dépend moins du nombre de soldats qu'elle y entretiendra que du chiffre relativement élevé de la population chrétienne dans ses rapports avec la population indigène.

[1] M. Duprat, *Essai historique*, etc., page 140.
[2]   *Ibid.*

II

Livrons-nous d'abord à un examen sommaire et rétrospectif des peuples qui ont dominé dans cette partie de l'Afrique, pour mieux apprécier les phases par lesquelles le Christianisme a dû passer depuis son établissement jusqu'à son entière disparition par la haine implacable et l'intolérance des Musulmans.

Les Phéniciens, que nous nommerons Berbères, leur origine paraissant être prouvée, furent chassés de l'Orient par les Israélites, à la mort de Goliath, d'autres disent par un roi de Perse ; mais en considérant qu'il s'agit d'à peu près dix-huit siècles, entre ces époques et l'établissement des Berbères en Afrique, et par la suite sur la côte appelée *Barbarie*, on conçoit qu'il y aurait matière à réfléchir, quant aux diverses croyances que ce peuple a dû pratiquer dans ses pérégrinations, sous l'influence des nations qu'il a eu à combattre ou plutôt dont il lui a fallu subir le joug.

Nous voyons, en effet, qu'ils furent chrétiens, juifs et idolâtres, selon les lieux et les temps : ce qui fait dire aux historiens arabes qu'ils sortent de plusieurs races. Lors de l'invasion sarrasine, se ralliant aux Musulmans, comme ils s'étaient alliés aux Romains et aux Hellènes, dans l'Afrique orientale, ils les aidèrent à combattre leurs ennemis. Plus tard le triomphe de l'Islam les fit passer du côté des sectateurs de Mahomet qui, appréciant leur position, les comblèrent d'attentions pour se les attacher.

Les Berbères, principalement établis dans les campagnes, avaient eu à soutenir de longues guerres avec les divers dominateurs des côtes, jusqu'à ce qu'ils devinssent les auxiliaires des Arabes à la suite de leurs fréquentes irruptions, ou plutôt de leur longue occupation. On veut, pour ce motif, que ce soit d'eux qu'ils aient reçu le nom, leur vieille habitude d'autonomie se manifestant par de continuels *murmures* ou *grognements :* mais cela ferait supposer une primitive dénomination et l'histoire ne le confirme pas. Nous ne voyons, en conséquence, dans cette étymologie qu'une simple supposition, fondée sur la signification arabe du mot *berbère*.

D'après *Ebnkhaldoun*, ce peuple en 709 comptait déjà douze apostasies ; mais ce témoignage ne prouverait-il pas l'attachement des Berbères à la foi chrétienne, puisqu'ils y seraient souvent revenus après avoir eu le malheur de s'en éloigner ?

M. Duprat observe, au surplus, qu'il n'y eut jamais union véritable entre les deux peuples et cela se conçoit [1].

[1] Page 234.

C'était, en effet, cette nation qui constituait l'élément chrétien sur toute la côte, parce qu'elle se trouvait en communion avec les Romains, les Byzantins et les étrangers.

Après le rôle rempli par les Phéniciens et les Grecs, ce furent les Romains qui, à titre de voisinage autant que par le désir de s'assurer d'utiles produits, envahirent cette partie de l'Afrique.

Cependant, quoique puissants, ils ne fondèrent point de colonies, n'ayant composé leurs armées de ce pays que de vétérans; d'où il est résulté que la résistance de ce peuple, qui s'affaiblissait journellement, devint nulle lorsque les Vandales, précédant les Arabes, fondirent sur l'Afrique septentrionale.

Avant eux, sous Julien l'Apostat, les Catholiques eurent à souffrir les vexations des donatistes et ils furent chassés de quelques villes. La trahison d'un général romain vint accroître leurs malheurs [1].

Les Visigoths, qui s'étaient établis en Espagne, ne durent pas s'étendre en Barbarie, puisqu'ils forcèrent les Vandales à s'y réfugier pour rester seuls dans la Péninsule. C'est ainsi que cette dernière nation succéda à la puissance des Romains en subjuguant, à son tour, les Berbères jusqu'à l'arrivée des Byzantins : ceux-ci devaient également les déposséder, en attendant la conquête des Sarrasins qui serait suivie, à un long intervalle, il est vrai, de celle des Turcs.

III

Indiquons les lugubres époques où d'horribles persécutions s'appesantirent sur les populations industrielles et agricoles de l'Afrique, populations uniquement chrétiennes : seules elles faisaient fleurir les arts et la civilisation dans les pays qu'elles occupaient.

Il faut considérer, toutefois, que les Chrétiens s'étaient livrés à des iniquités que Salvien qualifie d'affreuses; il en fait une longue énumération.

C'est au cinquième siècle qu'a commencé leur destruction.

Rappelant la prédiction d'Ézéchiel, et déplorant le sort de ce pays, Salvien ajoute ce vœu également prophétique : « Mais à Dieu « ne plaise que ce soit sans retour; il ne manque que cela à son « malheur [2]! »

Ces déplorables désordres n'eurent, au reste, lieu qu'en l'absence

[1] M. Natte, *Tipasa,* etc., p. 13 et 14.
[2] *Œuvres de Salvien,* p. 573.

de tout clergé qui avait dû fuir comme étant plus violemmen t attaqué [1].

Deux nations dans la suite en furent les terribles auteurs : les Vandales et les Mahométans, chacune voulant imposer ses croyances à un peuple heureux de sa foi.

Mais si le premier fléau dura cent ans, le second eut une plus longue existence ; il fut d'ailleurs suivi de la domination des Turcs, de mœurs aussi sauvages et fanatiques que leurs coreligionnaires d'Asie.

Les Chrétiens n'eurent pas seulement à souffrir les horreurs d'une persécution ordinaire, puisqu'ils durent abandonner leurs foyers pour les continents voisins, ou des points intérieurs au delà de la zone où dominaient les Vandales ou les Arabes.

D'après l'abbé Racine, les Vandales, après avoir ravagé l'Afrique et fait sentir tout le poids de la colère de Dieu, dont ils étaient les ministres, auraient été convertis par les Chrétiens pour qu'ils pussent jouir, sous leur règne, des mêmes avantages qu'auparavant [2].

Mais c'est en vain que nous avons cherché la preuve de ce fait, la férocité des rois Vandales de 428 à 534 étant assez démontrée par l'atrocité de leurs actes. Si l'abbé Racine fait allusion au premier reniement des Vandales, on peut répondre qu'en se convertissant au Christianisme, ils embrassèrent l'arianisme, et qu'ils persécutèrent les orthodoxes en les dépouillant aussi de leurs biens [3].

« Leur nom, dit M. Bouillet, ne rappelle plus que l'idée d'un « peuple féroce et destructeur [4]. »

La protection divine ne nous apparaît réellement que dans la venue providentielle de Bélisaire, auquel nous accordons volontiers la qualité d'envoyé de Dieu au secours de son peuple opprimé, et qui fut positivement son libérateur, quoique pour peu de temps, hélas ! Nous voyons que Hunéric, continuant l'œuvre de destruction de son père, voulut introniser un évêque, et que « les habitants « de Tipasa, effrayés de ce sacrilège, résolurent d'abandonner la « ville, et de porter en Espagne leur industrie et leur fortune, et « que ceux qui purent se procurer des barques échappèrent aux « violences dont cette intronisation fut le prétexte ; ceux à qui la « fuite fut impossible, assumèrent sur eux toute la colère d'Hu- « néric. Ils furent traînés sur la place publique, exposés aux in-

---

[1] M. Duprat, p. 185.
[2] *Histoire ecclésiastique*, III, p. 215.
[3] M. Natte, *Tipasa*, p. 14.
[4] *Dictionnaire universel*, p. 128.

« sultes des soldats et de la populace ameutée et eurent la langue et
« la main coupées [1]. »

L'abbé Bargés, en convenant que l'origine de l'église d'Afrique
est environnée de ténèbres, admet nonobstant comme incontestable l'établissement, dès le premier siècle, de la foi chrétienne à
Carthage, d'où elle dut se répandre dans les Mauritanies et la Nu-
midie.

D'après ce savant abbé, la même province comptait septante
évêques au deuxième siècle, et aux quatrième et cinquième, leur
nombre s'élevait à trois cents.

Ce nombre d'évêques ne tenait pas uniquement à la population
chrétienne du pays; il y avait aussi deux causes : l'inconvénient
d'admettre les indigènes dans les ordres sacrés, leurs mœurs n'at-
testant pas une parfaite orthodoxie, et l'étendue de la côte qui
rendait les communications difficiles; on était ainsi obligé de se
transporter en Europe pour l'ordination.

Un voyageur anglais, très-estimé pour sa véracité, veut que l'importance du Christianisme en Afrique ait acquis de plus grandes
proportions encore. Voici ce qu'il rapporte dans son ouvrage :

« Je ne puis me dispenser de dire ici un mot sur les villes de
« Barbarie où il y avait des siéges épiscopaux, du temps qu'on y
« faisait profession de la religion chrétienne. On voit, par *la liste
« des évêques*, qu'il y a eu autrefois, dans ce pays, plus de six cents
« villes épiscopales, ce qui certainement paraîtra fort probable, si
« l'on considère la petitesse de ces villes d'Afrique, le peu de dis-
« tance qu'il y avait de l'une à l'autre et que peut-être chaque ville
« avait son évêque et sa propre juridiction ecclésiastique.

« En examinant les ruines de ces villes, j'ai souvent été surpris
« d'y trouver encore tant d'autels et de vestiges de l'idolâtrie et de
« la superstition des païens, et, en échange, si peu de croix et
« d'autres monuments du Christianisme. Il faut avouer, cependant,
« que quelque zélée qu'ait pu être l'Église d'Afrique pour en ériger,
« les Sarrasins ne l'ont pas été moins à détruire tous ceux qu'ils
« rencontraient lorsqu'ils firent la conquête de ces royaumes; et,
« encore aujourd'hui, quand les Arabes, conduisant leurs troupeaux
« dans le voisinage de ces ruines, trouvent quelque chose qui a du
« rapport au Christianisme, ils se font un vrai plaisir, et même un
« devoir religieux, d'y faire tout le dégât qu'il leur est possible [2]. »

Un poëte Italien rappelle la remarque de Chateaubriand, que les

[1] M. Natte, p. 14.
[2] Shaw, *Voyage*, préface, xix.

ruines de l'Afrique ont un caractère qui leur est particulier, et remplissent l'esprit d'images sombres sans faire naître aucune réflexion consolante, et il ajoute :

« C'est que ces ruines sont plutôt l'effet d'une violence barbare et « d'une rage brutale, que l'œuvre lente et solennelle des siècles. « Les convulsions qui ont désolé cette belle région ont été infini-« ment plus terribles que ce qui est dû, dans les autres contrées, « à la longue succession des âges, et elles ont produit un vide « affreux où l'on ne découvre aucun moyen de régénération [1]. »

Bercastel place en 506 l'exil de soixante évêques de la seule province Byzacène, ajoutant que Thransamond en bannit deux cent vingt autres du reste de l'Afrique.

L'abbé Bargès en rappelant que la domination des Vandales hérétiques cruels et persécuteurs avait été funeste à l'orthodoxie des fidèles et au clergé africain, reconnaît qu'il n'y avait presque plus d'évêques catholiques dans toute l'étendue du nord de l'Afrique [2].

Les Chrétiens reprirent, toutefois, un certain empire par l'assistance des Byzantins qui les délivrèrent de leurs oppresseurs et les rétablirent dans leurs droits, ce qui valut à l'Église d'Afrique une ère de prospérité d'une durée de cent quatorze ans.

IV

L'intervention de Bélisaire mérite une mention particulière : nous la réduirons à ce qui en constitue le véritable intérêt.

Les Vandales étant devenus redoutables aux Byzantins, la résolution de les attaquer fut prise ; mais comment l'exécuter ? Les obstacles étaient nombreux : distance, rigueur du climat, revers déjà essuyés… « Au milieu de ces sollicitudes un évêque annonce à l'em-« pereur que le ciel lui réservait la gloire d'affranchir l'Église « d'Afrique de la tyrannie des Vandales. Dieu lui-même l'avait dit « au prélat en songe. Ce songe merveilleux l'emporta. Bélisaire « partit avec une armée [3]. »

Rien de moins homogène que cette armée, ajoute M. Duprat. « Les divers éléments qui la composaient avaient été ramassés au « hasard » ; elle ne comptait pas plus de 15,000 hommes à l'égard desquels leur général n'était nullement rassuré. Mais si les Byzan-

---

[1] Panauti, *Relation d'un séjour à Alger*, p. 83.
[2] *Aperçu*, etc., p. 4.
[3] M. Duprat, *Essai*, etc., p. 187.

tins manquaient d'énergie, les Vandales, affaiblis par une vie pleine de mollesse, ne purent leur opposer qu'une faible résistance et, les persécutions exercées ayant soulevé contre eux des haines profon-des, ils furent partout repoussés et détruits.

Ebn Khaldoun rapporte que, lors de leur conquête de la Barbarie, en 647, les Musulmans trouvèrent les Chrétiens gouvernés par un prince Djergis (Georges) au nom d'Héraclius.

La remarque de l'abbé de Choisy sur l'absence des évêques d'Afrique au concile tenu en 680, par ordre de l'empereur Constantin, s'explique par l'opposition que les Sarrasins mirent à leur départ, quoiqu'ils eussent l'intention de chasser entièrement les Chrétiens.

Les Byzantins n'ayant existé en Afrique qu'à l'état d'armée, ils s'affaiblirent par l'éloignement de la mère patrie et furent contraints de se retirer lorsque des forces supérieures vinrent leur disputer le pays qu'ils possédaient.

Les Sarrasins ne durent néanmoins leur prompt succès qu'aux dissensions dans lesquelles ils trouvèrent les Chrétiens et les autres habitants [1].

Il faut ajouter, comme vérité historique, que les guerres avaient fort altéré la discipline de l'Église [2].

V

Selon Ebn Khaldoun, ce fut Idris, descendant *d'El-Hassan*, petit-fils de Mahomet, qui en 647 ou 648 s'empara le premier de l'Afrique septentrionale et s'appesantit sur les Chrétiens en faisant disparaître de cette contrée jusqu'aux dernières traces des religions chrétienne, juive et païenne, et en mettant ainsi un terme à l'indépendance de ses tribus soumises jusque-là aux Romains.

Le même auteur fait combattre le roi des *Francs* contre les croyants, et malgré la grande inégalité de leurs forces (plus de cent mille contre vingt mille) il donne la victoire à ses coreligionnaires. Après cette défaite, dans laquelle périt le roi des Francs, ceux-ci durent se réfugier dans les villes, livrant le reste du pays à la dévastation des Arabes.

Ces récits sont visiblement exagérés; mais ce qui ne l'est point, c'est l'impôt de trois cents quintaux d'or (3,000,000 fr.) que l'armée leva avant de quitter l'Afrique du Nord.

[1] Marmol, *Description générale de l'Afrique*, p. 75.
[2] L'abbé de Choisy, *Histoire*, IV, p. 101.

Revenus en 665, lorsque cette province fut comprise dans le Khalifat de Moavia II, le joug insupportable des Arabes pesa nouvellement sur les Chrétiens qui ne purent échapper à l'oppression des barbares que par l'apostasie [1].

Ce fut alors qu'Ocba fonda la ville de Cairouan [2].

Les Musulmans furent cependant chassés du pays en 695, par le patrice Jean ; mais, revenus l'année suivante, ils reprirent leurs positions et les gardèrent ; car la puissance des Romains tomba entièrement après une domination de 850 ans [3].

En 708, la tyrannie des Musulmans paraissant pire que la mort aux Chrétiens, ils eurent à choisir entre l'émigration, au dehors comme au dedans, et l'assujettissement à la dure loi du vainqueur.

En 713, toute l'Afrique se courba sous l'étendard de Mahomet.

Ce résultat fut obtenu à la suite d'une nouvelle persécution, c'est-à-dire du martyre de ceux qui avaient reçu le baptême et à la suite du sac des villes [4].

M. Duprat émet, à l'égard de ce peuple, une opinion qui est vraie : « Leur fanatisme, dit-il, ne respectait rien ; ils ne songeaient « point à fonder, mais à détruire. Ils renversaient les villes et « refoulaient les habitants que leurs premiers coups n'atteignaien « point [5]. »

Aussi achevèrent-ils de dépeupler cette riche contrée, que le Vandales avaient déjà considérablement affaiblie.

Les princes Almorabides, si connus par leur fanatisme, et qui vivaient dans les pays intérieurs, s'exercèrent autant à la persécu tion des Chrétiens qu'à la destruction des églises, qu'ils étaien parvenus à y rétablir.

L'abbé Racine prononce leur oraison funèbre en ces termes :

« Nous avons vu à peine quelques signes de vie en Afrique. Cette « illustre église si fertile en grands hommes, si féconde en « martyrs, que Dieu avait enrichie de ses précieux dons, où il « avait répandu sa lumière avec le plus d'abondance, disparaît « tout d'un coup à nos yeux, en sorte que nous n'en parlerons « presque plus. Les Musulmans qui s'emparèrent, vers la fin du « septième siècle, de l'Afrique, et l'ont toujours possédée depuis, y « ont insensiblement éteint le Christianisme. Quelle perte pour

---

[1] Racine, *Histoire de l'Église*, iii, p. 207.
[2] Baron de Slane, i, p. 261.
[3] Fleury, *Histoire eccl.*, ix, p. 126.
[4] M. Natte, *Tipasa*, p. 15 (?).
[5] Page 245.

« l'Église, quel avertissement pour tous les particuliers qui sont
« dans son sein[1]. »

Cet auteur annonce que ce fut le huitième khalife qui, en 708,
s'empara de toute l'Afrique septentrionale ; nous avons déjà rap-
porté l'opinion qu'il dut ce facile succès à l'état d'anarchie dans
lequel il trouva les Chrétiens de cette contrée[2].

VI

On attribue tardivement l'aversion politique et nationale des
Mahométans contre les Chrétiens d'Afrique aux succès des croi-
sades en Syrie[3] ; mais en admettant cette raison, quoique à deux
ou trois siècles de distance, nous devons dire qu'ils agissaient
également en cela avec aussi peu de logique que dans le système
de détruire les pays, qu'il était pourtant dans leur intérêt de garder.

C'est alors qu'ils mirent, dit-on, en pratique les maximes exter-
minatives du Koran, se livrant même au renversement des églises
pour ne laisser aux malheureux Chrétiens que le choix de l'apostasie ou de la mort.

C'est à de très-rares exceptions que des exemples de modéra-
tion, de la part des chefs arabes, se sont présentés à nous, dans
le cours de nos recherches ; aussi est-ce pour ne rien négliger de ce
qui doit achever de faire connaître cette nation que nous allons
rapporter quelques faits la concernant.

Nous avons dit que l'effet des terribles persécutions exercées sur
les Chrétiens fut de les porter à fuir selon les circonstances : ceux
qui habitaient la campagne, et qui entretenaient des relations avec
les indigènes, trouvèrent ainsi un refuge naturel en s'internant.

Il faut croire également que, parmi les gens forcés de pratiquer
l'islamisme, il dut y en avoir beaucoup qui restèrent foncièrement
chrétiens, et d'autres chez lesquels la pitié pour d'anciens frères
ne fut pas entièrement éteinte ; sans compter que sous le rapport du
fanatisme les Musulmans présentaient des exceptions d'hommes
croyant qu'il est trop heureux d'arriver à l'accomplissement de ses
devoirs, sans se permettre d'exiger chez les autres une certitude
morale que sa propre conduite ne présente pas.

Les chefs musulmans, n'ayant donc pas tous la même haine

[1] *Abrégé de l'hist. ecclés.*, iii, p. 222.
[2] Il doit être question de Noavia II, car sans cela le titre de huitième khalife
s'accorderait moins avec la date citée.
[3] Abbé Bargés, *Aperçu*, p. 32.

contre les Chrétiens, durent favoriser le retour de beaucoup d'entre eux, puisque l'abbé Bargés rapporte, d'après un écrivain arabe, qu'en 963 il y avait à Tlemcen « des églises fréquentées par les « Chrétiens, ce qui suppose une nombreuse population professant « cette religion et un clergé suffisant pour l'exercice du culte [1]. »

Il expose aussi que « la province proconsulaire, devenue alors « (1053) l'un des foyers du Mahométisme les plus ardents, comptait « néanmoins cinq évêques. »

Vingt ans plus tard il trouve la primauté rétablie à Carthage.

En 1080, les Musulmans chez lesquels des différends dynastiques avaient jeté des germes de discorde, comprirent que leur intérêt les portait à ménager l'amitié des princes chrétiens, et ce besoin fut plus vivement senti lorsqu'ils apprirent qu'ils avaient été chassés de la Sicile.

Un des émirs poussa la déférence jusqu'à écrire au Pape en faveur d'un évêque élu par les Chrétiens et qu'il désirait voir confirmer. Cette lettre accompagnée de riches présents et de quelques esclaves qu'on rendait à la liberté, produisit l'effet désiré, le souverain pontife ayant été pénétré de la noble démarche du gouverneur mahométan.

C'était En-Nacir qui régnait en Mauritanie. La réponse de Grégoire VII fut aussi digne que noblement affectueuse [2]. Elle eut pour résultat non-seulement de raffermir dans le cœur de ce roi les bons sentiments qu'il nourrissait pour les Chrétiens, mais de les faire inculquer à ceux qui devaient lui succéder, pour que l'église d'Afrique pût jouir d'un peu de repos après de si longs malheurs.

Ce fut vers ce temps que le pape Victor III fit armer les princes d'Italie. Leurs cent mille hommes réunis opérèrent victorieusement une descente près de Mehédia et s'en emparèrent [3].

VII

En Espagne également les Arabes se mirent en frais de concessions ; mais comme l'observe Bercastel, ce fut « en leur imposant « des droits pécuniaires et des peines pour les cas d'infraction à « leurs lois, « ajoutant » qu'ils ne pouvaient compter sur beaucoup « de sûreté, même en remplissant les conditions et en payant ces « taxes [4]. »

[1] *Tlemcen*, p. 121.
[2] Elle est publié par l'abbé Bargés, *Aperçu hist.*, p. 18.
[3] Bercastel, *Histoire de l'Église*, x, p. 515.
[4] *Id.*, vii, p. 450.

Des églises existaient encore en 1114 dans l'Afrique occidentale; mais à partir du règne des Almoravites, ces princes fanatiques, Morcelli conjecture que « le Christianisme fut anéanti et tout « vestige de l'ancienne église effacé, vers le milieu du douzième « siècle, sous la domination des Almohades [1]. »

L'*Université catholique* dit « qu'ils firent main basse sur les « Chrétiens et massacrèrent tous ceux qui ne voulaient pas renier « le Christ et embrasser la religion fanatique du prophète. Il n'en « échappa qu'un petit nombre [2]. »

Ebn-Khaldoun rapporte cependant que le chef d'un corps de douze mille cavaliers chrétiens s'étant insurgé dans une revue, en s'attaquant même au roi Ghamoracen, il s'ensuivit une réaction qui coûta la vie à la totalité de ces cavaliers.

Et cet événement fait tirer à l'abbé Bargés cette conséquence « que les Almohades n'avaient pas massacré tous les Chrétiens vers « le milieu du douzième siècle, puisque dans la seconde moitié du « siècle suivant, il y en avait encore un si grand nombre dans leurs « États, qu'on pouvait les enrôler dans les armées musulmanes [3]. »

En effet, dit encore M. Bargès, en 1114 il y avait un évêque à Koleah, capitale des Béni-Hammad, et enfin la ville de Tunis a eu une église et un évêque pendant tout le moyen âge.

Il suppose, nonobstant, que les Chrétiens durent « éprouver le « contré-coup de ce massacre et subir la conséquence de la haine « que Ghamoracen leur voua, probablement depuis cette malheu- « reuse époque [4]. »

Il ajoute « que, si l'histoire d'Afrique parlait encore des Chré- « tiens, c'était pour nous apprendre qu'ils gémissaient dans les fers, « ou qu'ils se trouvaient au nombre des renégats. » Il n'était plus question « d'évêque, de prêtres et d'églises; les temples chrétiens « furent démolis ou convertis en mosquées, et le sacerdoce s'étei- « gnit avec les fidèles sous le souffle du fanatisme et de l'in- « tolérance [5]. »

De pieux missionnaires, entre autres les pères de la Merci ou de la Rédemption des captifs, ne tentèrent pas moins de reparaître chez ces peuples barbares qui non-seulement restèrent sourds à leurs voix, mais répondirent à leur appel par le martyre.

---

[1] Abbé Bargés, *Aperçu*, p. 27.
[2] *Ibid.*, xx, p. 39.
[3] *Ibid.*, p. 30.
[4] *Ibid.*, p. 30.
[5] *Ibid.*, p. 50.

Nous saisissons l'occasion de payer de justes éloges à la mémoire de ces infatigables apôtres de la charité chrétienne que leur sainte mission exposait à tant de dégoûts, mais qu'un grand zèle leur faisait toujours remplir avec autant de joie que d'abnégation.

C'était du produit de leurs quêtes en France, qu'ils rachetaient les esclaves, et cela les disposait naturellement à s'occuper d'abord des compatriotes; si ce n'est qu'en témoignant à ceux qui restaient, le regret de ne pouvoir les délivrer tout de suite, ils leur promettaient au moins de le faire à leur retour et, en se séparant d'eux, ils semaient dans leurs cœurs la douce espérance de revoir prochainement leur pays.

Il n'est pas moins certain, de l'aveu même de M. Bargès, que jusqu'à la fin du quinzième siècle les sultans de Maroc eurent des troupes chrétiennes à leur solde et qu'elles étaient commandées par des officiers chrétiens. Les historiens arabes l'attestent et un document publié dans la bibliothèque de l'École des chartes le confirme.

De plus nous savons qu'en 1581, les églises de Tlemcen furent visitées par un évêque Irlandais; que ces édifices avaient été construits à la demande de commerçants génois et vénitiens, qui y étaient établis avec leurs gens, et qu'on devait en conclure que le pays possédait d'autres chrétiens, l'édification de monuments religieux pour le simple usage de deux compagnies mercantiles étant inadmissible.

Des faits historiques prouvent, en outre, qu'il a longtemps existé des populations chrétiennes sur différents points intérieurs de l'Afrique, principalement dans la Libye et le Maroc, et attendu que ces faits en expliquent d'autres, leur mention n'est pas sans intérêt pour nous.

Ces Chrétiens, dont le nombre a dû être considérable, puisqu'ils pouvaient fournir à des régiments d'infanterie et de cavalerie, se maintinrent jusqu'à la fin du seizième siècle dans le Maroc comme à Tlemcen, à la faveur des industries qu'ils exerçaient à l'exclusion des Arabes.

Mais les événements qui séparèrent toujours plus ces Chrétiens, de leurs compatriotes et coreligionnaires d'Europe, durent les façonner à des mœurs particulières, en changeant leur idiome en un dialecte participant de l'espagnol et de l'arabe, ce qui les fit nommer par les indigènes *Mostaareb*, d'où nous avons fait Mozarabe, faute de recourir au sens du mot signifiant *arabisé*, parce que, les Africains ne considérant que la nouvelle nationalité de ces étrangers, ils en trouvaient la preuve dans le costume et le langage autant que dans les mœurs qui durent s'altérer profondément avec le temps.

On a remarqué que les *Touareys* gardent à leur insu dans nombre de traits, particulièrement de leurs habitudes domestiques, la trace d'idées chrétiennes. Ils appellent Dieu *Mesi* et un bon génie *enjelous* [1].

VIII

Nous ne rapporterons pas les autres détails contenus dans les relations, la reproduction nous en paraissant superflue. Nous arrêterons notre pensée à cette considération que la ruine de l'Afrique septentrionale est due à la destruction du Christianisme, et que si l'apathie des Maures algériens pour les arts les plus vulgaires a trouvé une excuse dans la dure domination des Turcs, on ne saurait invoquer ce même prétexte à l'égard de ceux du Maroc dont l'empire a toujours appartenu aux Arabes, ses souverains descendant en ligne directe de l'un des successeurs de leur prophète.

Nous ne ferons qu'indiquer l'invasion turque pour éviter une nouvelle narration de lamentables détails, car cette fatale époque donna naissance à un affreux despotisme auquel l'Europe n'échappa faiblement, pendant trois cents ans, que par le consentement à un humiliant tribut ou à des concessions qu'un reste d'orgueil permit de déguiser sous différentes formes.

Ce fut, en effet, un corsaire monté par Aroudj Barberousse, qui, détrônant le roi arabe d'Alger, s'empara de cette ville en 1516.

Cet acte de piraterie étant approuvé, ses auteurs se constituèrent en gouvernement, sous forme d'odjak (poste ou corps de janissaires); la position des Ottomans à cette époque et leur esprit envahissant le légitimaient pleinement. Quelle réprobation pouvait-il d'ailleurs y avoir parmi des autorités chez lesquelles l'arbitraire et la vénalité faisaient trouver des expédients en toutes choses?

L'odjak se maintint dans son régime républicain, et le prétexte d'entretenir sa milice favorisa tellement les enrôlements dans l'empire turc que les Algériens composèrent uniquement leurs forces de terre des individus recrutés en Turquie, employant à celles de mer les indigènes enlevés de leurs barques ou sur les côtes de Barbarie.

Cet état de choses dura, à la honte de l'Europe, jusqu'en 1830, où un Bourmont envoyé par un Bourbon vint chasser les Turcs de

[1] Vivien de Saint-Martin, *Année géographique*, 1863, p. 126.

leurs repaires, comme Bélisaire était venu en déposséder les Vandales au nom des Byzantins; à la différence que si ceux-ci ne purent garder leur conquête, la France se consolide toujours plus dans la sienne, et maintenant que son empereur a voulu voir et étudier par lui-même tous les intérêts qui s'y rattachent, il n'est pas permis de douter que la déplorable lenteur attachée jusqu'ici à la reproduction du bien-être dans cette riche colonie ne cesse entièrement, pour faire place à une activité qui lui donne le mouvement et la vie qu'elle attend de quelques zélés industriels, autant que des capitaux de tous ceux pouvant s'associer à des entreprises aussi patriotiques que lucratives.

Nous examinerons dans une seconde partie :

1° Pourquoi la colonisation de l'Algérie n'est pas plus avancée après trente-cinq ans de possession ;

2° Pour quels motifs nous n'y avons pas été secondés ;

Et 3° Ce qui reste à entreprendre pour y développer la prospérité dont ses ressources naturelles la rendent susceptible.

SECONDE PARTIE

I

Le court exposé que nous venons de faire a eu pour objet de prouver que les dernières nations qui ont possédé l'Afrique septentrionale, sans égard pour son état prospère, dû au caractère intelligent autant qu'à l'esprit laborieux de ses habitants, n'avaient écouté que la voix d'un fanatisme religieux pour les forcer à changer de croyance ; et que, les ayant trouvés fermement attachés à leur foi, ils ont préféré les laisser émigrer plutôt que de les retenir en leur accordant la libre profession de leur culte.

La République Romaine, depuis qu'elle se vit maîtresse de l'Afrique, en tira la plus grande partie de ses denrées, et les empereurs en usèrent de même dans la suite. Le commerce de cette contrée s'étendit aux trois parties du monde connu. Aussi, est-ce avec raison que Salvien a prophétisé que la ruine de l'Afrique serait *un sujet de larmes pour le genre humain*. [1]

[1] *OEuvres*, etc., page 512, note (a).

Il est résulté, en effet, de ce brusque changement que ce riche pays, considéré jusque-là comme un vaste grenier, a vu décroître ses produits avec sa population agricole, et que les derniers occupants, étant en majeure partie établis sur les points de la côte et peu propres aux travaux de la terre de même qu'à d'autres industries, ne trouvèrent pour vivre que l'unique ressource de la piraterie; ils s'y livrèrent avec tant d'ardeur et de succès, que leurs corsaires poussèrent l'audace jusqu'à opérer des débarquements même sur les côtes de la Grande-Bretagne et dans la Baltique !

Leurs descentes continuelles sur tous les points baignés par la Méditerranée sont connues, et les lugubres relations auxquelles donnaient lieu ces déchirantes scènes d'enlèvements n'ont que trop longtemps retenti dans toute l'Europe attristée de ce funeste état de choses, autant qu'affligée de son impuissance à le faire cesser; les moyens que des nations, lassées de l'insolence des Algériens, ont employés contre eux n'avaient jamais eu que des résultats éphémères [1].

Il faut bien avouer, selon le tableau qu'en fait M. Jules Bastide, que « ces gouvernements (barbaresques) étaient de véri-« tables barbares, s'opposant à tout ce que l'humanité a intro-« duit d'améliorations dans le droit des gens. Ainsi, ils con-« tinuaient à faire la guerre, comme on la faisait dans les temps « anciens et presque sauvages ; ils s'attribuaient le droit de vie et « de mort sur leurs prisonniers; ils réduisaient ceux-ci à l'état « d'esclaves, et, de plus, comme leur religion les dégageait de « toute obligation contractée envers les Chrétiens, il était impossible « de conclure avec eux aucun traité solide. La guerre, une guerre « éternelle, devait donc exister entre eux et l'Europe... La France, « dans l'intérêt de l'Europe, s'est chargée de les réduire à l'impuis-« sance : par la glorieuse conquête de l'Algérie elle a détruit à tout « jamais la piraterie barbaresque [2]. »

C'est donc à juste titre, nous le répétons, que Salvien annonça la funeste transformation de l'Afrique, les fréquents motifs de chagrin que le monde entier en ressentirait, et cette vérité, rappelant

---

[1] Nous rapportons ici le témoignage que, « ceux qui n'ont jamais été à Alger et « n'ont point été témoins du sort des Chrétiens tombés entre les mains des bar-« baresques, n'ont aucune idée ni des malheurs extrêmes que la fortune a en « abondance pour les hommes, ni de cet abîme de douleurs dans lequel sont « plongés leurs semblables devenus captifs ; et moi, qui ai vu et éprouvé personnel-« lement partie de ces maux, je sens que la langue ne peut rendre ce que souf-« frent ces Chrétiens dans cette terrible situation. » Panauti, *Relation*, etc., p. 120.

[2] *Dictionnaire politique*, p. 719.

tant de douloureux souvenirs, mérite bien nos plus sérieuses réflexions.

Non-seulement on ne peut nier que ce soit uniquement sous la domination des Romains, et pendant le règne du Christianisme, que la côte d'Afrique, faisant face à notre pays, a été prospère, mais les faits par nous rapportés font en outre supposer que la présence des Chrétiens dans cette province avait seule donné la vie à des industries dont les Arabes n'étaient pas plus capables que les Turcs, par leur insouciance et leur sotte fierté.

Un fait tiré des archives de l'ancienne compagnie d'Afrique, est la fourniture, en 1741, de nombreuses cargaisons de blé dirigées de la Calle sur le Havre pour l'approvisionnement de Paris : or, comme je dois faire remarquer que ce n'a pas été la côte de Barbarie qui les a fournis, mais exclusivement le *Bastion de France*, point principal de ce qu'on appelait alors les *concessions d'Afrique*, j'ajouterai que c'est parce que la compagnie faisait cultiver de vastes champs pour lesquels elle employait des nationaux ou des Chrétiens, et que les indigènes dépendants de ces concessions, en contact avec eux, avaient fini par adopter leurs mœurs et leur langue, ce qui les fit distinguer dans ce pays par le nom d'arabes-français.

Je m'entretins avec ces indigènes en provençal, lorsque je fus remplir une mission à Bone et à la Calle, pendant que j'étais vice-consul à Alger, auprès du consul général, de 1818 à 1822.

Ainsi, tandis qu'un district de l'est de l'Algérie était exploité par des Français, une partie de l'ouest se trouvait au pouvoir des Espagnols qui l'évacuèrent en 1792 ; et, dans la province centrale d'Alger, c'étaient des esclaves qui faisaient valoir les propriétés rurales de leurs patrons, entièrement abandonnées depuis le bombardement d'Exmouth, en 1817, de même que les grandes cultures avaient cessé à la retraite des Français et des Espagnols des deux pays par eux occupés. Ces raisons, jointes au besoin qu'avaient les souverains de l'Afrique d'entretenir, pour leur propre défense, contre leurs ennemis intérieurs, des corps de troupes chrétiennes, ne prouvent-elles pas assez que les Arabes étaient les premiers à reconnaître notre supériorité sous bien des rapports, et que si les produits de leur pays ont graduellement baissé, c'est à la retraite de l'élément chrétien qu'on le doit ?

Nous savons qu'à Alger on ne considérait pas seulement la capture des hommes par leur nombre et leur prix vénal, mais aussi au point de vue de leur capacité, ce qui les faisait employer d'une manière relative aux arts qu'ils possédaient.

II

Maintenant, l'Algérie est à peu près à son état primitif d'impro-
duction, et elle « attend un génie organisateur sachant tirer parti
« et profit pour la France de toutes les richesses inexploitées et
« endormies [1]. »

Or, si l'Arabe n'a rien fait jusqu'ici, malgré les facilités qui lui
étaient données, n'est-ce point par son incapacité? C'est donc de
l'élément chrétien, de son accroissement, condition de notre domination absolue dans ce pays, que dépendra la prospérité promise à
ce pays. On n'y verra pas accourir des colons en pleine confiance,
tant que leur sûreté dépendra d'une continuelle et fatigante vigilance.

L'esprit juste des Français leur valut des soumissions spontanées;
mais à la suite de nominations de chefs indigènes, d'anciens germes de despotisme turc s'étant développés chez eux, on dut res-
treindre leur autorité. On sait que les Arabes, loin d'être reconnais-
sants, trompèrent sur quelques points notre attente, jusqu'à se
révolter, et qu'il y eut récidive répétée de leur part : ce qui prouve,
de reste, qu'un fanatisme excessif, les aveuglant entièrement, leur
enlève tout sentiment d'intérêt propre et tout amour de tranquillité.

« Tel a été l'effet des tâtonnements dans lesquels a vécu l'admi-
« nistration française pendant vingt ans, et la perte de ce temps
« précieux a eu pour cause les renseignements qui étaient donnés
« par les commissions suivant leur point de vue du moment, ou leur
« intérêt personnel [2]. »

D'un autre côté, les essais pratiqués dans les premiers temps en
Algérie ont eu pour fâcheux résultat de faire croire que l'hésita-
tion que nous montrions cachait notre faiblesse. Cela fait rappeler
que l'administration du duc de Rovigo, qui avait bien mené la colonie, fut accusée de dureté!... L'avait-il accompagnée d'injus-
tices?... La sévérité est indispensable dans la conduite des peuples
conquis, surtout lorsqu'ils sont d'une religion qui les porte à haïr
leurs maîtres. Les Musulmans, qui forment d'ailleurs une nation
essentiellement théocratique, ne croient à la légitimité du pouvoir
de ceux qui les gouvernent, qu'autant qu'il est fort, parce qu'ils ne
considèrent dans les attributs de Dieu, que la toute puissance,
quoiqu'ils l'invoquent sous les qualités de clément et miséricor-
dieux.

[1] M. Benjamin Gastineau, *Presse* du 4 juillet 1859.
[2] M. Natte, *Tipasa*, p. 7.

III

Le premier élément d'une colonie, ce sont les travailleurs, à condition, toutefois, que les colons présenteront les qualités voulues. Les moyens tentés et les résultats négatifs obtenus n'ont-ils pas prouvé, de reste, qu'au lieu de se borner à réunir des personnes au prix de grands sacrifices, il fallait surtout chercher à les entourer de conditions de stabilité et de sûreté?

L'étonnante fertilité de l'Algérie est un fait incontestable ; et une raison non moins péremptoire, c'est que nous devons politiquement garder cette riche colonie, et en faire, comme les Romains, notre grenier à blé. Les autres motifs, qui militent en faveur de la possession de ce beau pays, seront faciles à comprendre.

A part, d'ailleurs, l'intérêt national, n'avons-nous pas les besoins du commerce? un empire industriel comme le nôtre ne peut pas les négliger dans aucun cas.

Nous ne citerons que les grains, la soie, le coton, le tabac et l'huile comme produits principaux, et, quant à une infinité d'autres, ce sera l'affaire des hommes intelligents que la France possède en grand nombre, d'aller étudier les immenses ressources de cette contrée. Nous leur dirons seulement, sous forme de renseignements, qu'à part les richesses minérales, ils en trouveront de phénoménales dans la province d'Oran, entre autres un cours d'eau salée et un d'eau chaude.

Les terres actuelles de l'Algérie pourraient entretenir cinq cents habitants par lieue carrée, et elles n'en contiennent à peine que soixante et dix ; et, sur onze millions d'hectares au pouvoir des indigènes, ils n'en cultivent qu'environ deux mille, tandis que les Français n'exploitent que cinq cent dix-neuf mille hectares, par conséquent le quart de ce qu'en possèdent les Arabes ; ajoutez que ceux-ci en jouissent par droit exclusif, puisqu'il est, dit-on, défendu d'acheter une parcelle de terre des Arabes, tandis que les Européens peuvent leur vendre celles qu'ils ont. On a de la peine à admettre un pareil fait sans des explications qui le fassent comprendre.

IV

C'est lorsqu'on pourra compter sur un million d'habitants nationaux, ou seulement chrétiens, que les Français comprendront l'immense utilité de cette conquête, qualifiée trop légèrement de ruineuse : on a trop peu senti ce qu'elle a eu de glorieux pour notre patrie et de bienfaisant pour l'humanité.

La question est uniquement dans le choix des hommes, et il faut croire que l'expérience du passé empêchera de retomber dans les anciennes fautes.

Nous ne rappellerons pas les nombreux essais tentés officiellement, leur insuccès ayant suffisamment prouvé qu'ils pêchaient par leur conception ; nous voyons que « toutes les fois que l'administra-« tion a laissé aux colons leur liberté d'agir, on a vu les affaires « prendre une extension rapide ; car, sans secours du gouverne-« ment, les grands centres de population, comme Alger, Oran, « Bone, Philippeville, Blidah, etc., etc., dans moins de cinq années « ont été construits et sont devenus des points importants pour « le commerce [1]. »

Il en a été de même, d'après cet auteur, partout où le colon a trouvé sécurité, puisqu'il a fondé des établissements comme par enchantement, et que là où le voyageur ne laissait qu'un sol inculte il retrouvait un jardin, une ferme, un village, une ville même élevée par la seule énergie des travailleurs européens.

Ces faits étant connus, rien n'est plus simple que d'employer les mêmes procédés, surtout après les longues études faites et la nouvelle expérience qui en est résultée.

C'est dans cette conviction que nous sentons l'inutilité de nos observations sur un sujet que nous savons devoir dépendre uniquement de l'initiative du gouvernement, surtout après le voyage de l'Empereur qui, nous en sommes assurés, lui aura valu une connaissance sérieuse de tous les intérêts de cette grande colonie.

Il en ressortira, il faut l'espérer, des mesures d'ordre, de justice, de prospérité pour l'avantage national autant que pour les habitants, selon leur nationalité.

Nous n'avons nulle intention d'indiquer ce qu'il y aurait à faire pour donner à l'Algérie le bien-être dont sa riche nature la rend susceptible ; mais, en traçant le tableau de l'état de ce pays, nous prouvons assez que son organisation est visiblement vicieuse et qu'il est nécessaire de faire disparaître ces vices au moyen de bonnes mesures administratives déjà indiquées par les conseils donnés au Corps législatif et que le gouvernement est pleinemen en mesure d'apprécier.

Mais quelles que soient les décisions qui seront prises, il ne demeure pas moins fondamentalement vrai que le bien-être de l'Algérie dépendra des principes suivants :

[1] M. Natte, *Tipasa*, p. 7.

Implanter le plus grand nombre possible de colons capables ;

Favoriser pour cela l'émigration vers cette colonie ;

Donner l'essor aux ressources du pays par tous les moyens qu'on pourra ;

Laisser aux colons une entière liberté d'agir ;

Renoncer à l'occupation restreinte comme devant perpétuer la rébellion et la barbarie ; faire cesser, en un mot, l'étonnement de voir un pays plein d'avenir sacrifié à l'insouciance des indigènes.

Cela n'exclurait point l'exploitation par compagnies, car nous pensons au contraire que l'Algérie, par sa grande étendue et sa considérable importance, a besoin de l'emploi de puissants capitaux.

Ce sera, en conséquence, à des sociétés de les réunir, n'admettant pas, comme l'avait avancé M. de Baudicourt par son projet, d'ailleurs fort bien conçu, qu'une compagnie unique puisse suffire. Nous engageons cependant à le consulter [1].

M. Natte dans son écrit sur Tipasa conseille les fermes-villages [2]; et dans les conditions où se trouvait alors le pays, ses raisonnements ne manquaient pas d'une grande justesse; aussi l'appel à ses compatriotes de prendre part aux avantages qu'il avait lui-même trouvés dans ce pays méritait-il qu'il eût de nombreux imitateurs.

Nous ne dirons rien de la progression énorme des importations et des exportations de l'Algérie avec la France, parce que les documents publiés par les ministères de la guerre et du commerce et par la direction des douanes donnent les plus grands détails à cet égard, et qu'on peut en inférer que, par le développement des exploitations, les résultats seront plus importants encore, sans compter les voies que le commerce pourra s'ouvrir dans les divers points de l'intérieur.

V

M. Duprat nous apprend que les Arabes n'ont pu se mêler à la race primitive, et que, malgré l'acceptation de l'Islam par les Berbères, gagnés par le prosélytisme intelligent de Moussa, il n'y eut pas d'union véritable entre les deux peuples; « l'histoire de ce pays, « ajoute-t-il, durant les siècles du moyen âge, n'est souvent qu'une « longue bataille entre les dynasties arabes et berbères [3]. » Il en

---

[1] *Compagnie d'Afrique et d'Orient*, brochure de 40 pages publiée, en 1848, chez Marius Olive à Marseille.

[2] Brochure de 70 pages publiée, en 1848, chez Senès, rue Canebière, 15.

[3] *Essai historique*, p. 234.

trouve la raison dans les rudes étreintes de la conquête et la constitution de la famille arabe qui, s'opposant à un mélange, l'empêchait
d'être très-profond.

Si donc cette secte ne peut pas gagner la sympathie d'un peuple
qui s'était cependant rapproché d'elle, par une conformité de
croyances, comment pourrions-nous espérer de la voir se fondre
dans notre nation?

En renonçant dès lors à l'idée d'assimiler les Arabes aux Français, on peut néanmoins se livrer à l'espoir de la juxtaposition pure
et simple des deux peuples au moyen de mesures qui affaiblissant
les indigènes renforceraient les Européens. C'est ce qu'on aurait
tort de ne point tenter par les voies que la raison indique.

Nous n'avons que trop reconnu que ces Musulmans n'ont pas
changé de nature, qu'ils constituent, en majorité, comme l'a déclaré M. le général Allard, une population fanatique, ignorante,
rusée, belliqueuse, qui ne connaît que la force, laquelle plie sous
notre domination, quand elle ne peut faire autrement, mais qui
est prête à réagir à la première occasion favorable [1].

Il est vrai qu'on avait attribué ces rébellions à des causes offi-
cielles, et l'enquête a fait connaître que s'il y avait eu culpabilité de
la part des autorités, c'était de la part des autorités arabes, par
un reste d'application de mœurs turques.

A cette occasion on a senti que trop de pouvoir était donné aux
chefs indigènes et que leurs exacteurs méritaient une surveillance
particulière, à cause du blâme qu'ils déversaient sur les officiers
français en les accusant de leurs propres extorsions.

On a également cherché à excuser l'insouciance des Arabes en
matière d'agriculture à cause du peu de temps qu'ils donnent au
labourage, s'inquiétant médiocrement de produire davantage, et l'on
a dit que la faute en était aux chefs de tribus dont le pouvoir constitue une véritable autocratie, ce qui leur faisait absorber tout le
profit du travail.

Ces chefs sont, au reste, conséquents dans leur manière d'agir,
et, si leurs principes ne sont pas les nôtres, pourquoi ne les en avons-
nous pas corrigés jusqu'ici? Voici le propos que l'un d'eux tint au
général Bedeau : « Notre étonnement est grand à votre égard : nous
« voyons que chez vous plus on est puissant, plus on travaille, et on
« ne profite pas. Nous ne désirons grandir en pouvoir que pour ne
« rien faire et profiter beaucoup [2].

[1] Discours au Corps législatif, séance du 13 avril 1865.
[2] Lettre de Spa, 3 septembre 1857, à l'*Indépendance belge*.

VI

Les mœurs de ces gens-là offrent de plus grandes anomalies encore, mais elles présentent des ressources que l'on pourra invoquér dans le but de les rapprocher de nous.

La principale cause qui sépare les Musulmans des Chrétiens, c'est une fausse interprétation de leurs livres, et ce point capital mérite qu'on s'y attache sérieusement, car les Arabes sauront très-bien nous comprendre du moment qu'on neutralisera chez eux le fanatisme.

Ce peuple a besoin d'être catéchisé sur ses convictions religieuses, puisqu'il croit qu'on lui demande de les transgresser virtuellement, et si, dans ce cas, il est sourd aux conseils de gens qui peuvent lui paraître suspects, il sera facile à écouter les paroles des *Fakihs* ou *Thalebt*, parce qu'il a une foi entière dans leur instruction et que nul soupçon de tromperie ne peut affaiblir l'idée qu'il s'est faite de leur piété.

C'est, en conséquence, officieusement, par l'entremise de quelques marabouts, que l'on pourait disposer les Musulmans, et ces intermédiaires seraient d'autant plus charmés de s'employer à l'œuvre dont on les chargerait, qu'ils auraient été convaincus eux-mêmes (ce que leur intelligence permet d'espérer) qu'il s'agit de travailler à la paix du pays, au repos et au bonheur de leurs coreligionnaires.

L'établissement du régime sanitaire rencontra longtemps en Turquie l'opposition des ulémas parce qu'il était, selon eux, contraire au dogme de la prédestination qui a irrévocablement réglé tout ce qui doit arriver aux hommes ; mais l'application d'un propos attribué à Mahomet leur fit lever l'interdiction, et ce qui était irréligieux devint légal.

La tradition rapporte que le Prophète, consulté sur ce qu'on devait faire dans un cas de contagion, répondit : « Ne sortez pas du « lieu contaminé et abstenez-vous de le fréquenter ; » double recommandation dont le but était d'empêcher la propagation du mal. Or la *quarantaine* servant à purifier les personnes compromises ou suspectes, il s'ensuit que l'intention bienveillante de Mahomet se trouve pleinement remplie.

M. le baron David a raconté au Corps législatif un fait qui prouve également combien l'intervention des ministres du culte à Constantinople fut profitable à l'armée se rendant en Crimée, en ce qu'ils trouvèrent aisément dans le Koran des textes engageant les Musulmans à vivre en bons rapports avec les Chrétiens.

« Et les gens, a-t-il ajouté, qui la veille nous traitaient grossiè-
« rement, nous comblèrent de prévenances [1]. »

Cet honorable député veut prouver par là que notre gouvernement
obtiendrait un égal succès en se servant de quelque marabout in-
fluent qu'il attacherait à la cause de l'ordre.

Nous n'avons pas la prétention de faire la leçon à ceux qu'on
chargerait de cette propagande politique ; mais nous nous permet-
tons de dire ici que sur le grand nombre de passages du Koran
d'un emploi utile il en est deux qu'on ne devra pas négliger. Le
premier est celui-ci : « La terre appartient à Dieu ; il en donne la
possession à qui il lui plaît [2], » pour prouver aux Arabes qu'ils
n'ont pas reçu le monde en héritage ; et le second : « Dieu donne
le pouvoir à qui bon lui semble [3], » et qu'ainsi en se révoltant
contre l'autorité française ils désobéissent à l'Être suprême qui
commande la soumission aux puissances par lui établies.

VII

Mais la tradition a transmis aux ultra-dévots une recommandation du prophète qui leur permet d'annihiler tous les passages de
son livre ne cadrant pas avec leur esprit, ou dont là signification est
susceptible de différentes interprétations, ce qui fait qu'ils choi-
sissent celle qui leur convient le mieux.

On veut que Mahomet ait répondu à un interlocuteur, sur le sens
de certains passages du Koran : « Prenez garde, car il est des ver-
« sets abrogeant et d'autres qui sont abrogés. »

Ce sera, en conséquence, à la sagacité des controversistes à faire
valoir les arguments que ce même Koran et les diverses vies de
Mahomet leur fourniront, tels, entre autres, que ceux-ci :

« Nous n'abrogerons aucun verset de ce livre, ni n'en ferons
« effacer un seul de ta mémoire, sans le remplacer par un autre
« meilleur ou pareil. (Surate ii, verset 100).

« Si nous remplaçons dans ce Koran un verset par un autre, ils
« disent que tu l'as inventé toi-même. » (S. xvi, v. 103.)

La dernière exhortation de Mahomet à ses sectateurs fut de suivre
le Koran comme un guide infaillible au milieu des épreuves qui
attendent les Musulmans.

Or, il s'agissait d'en appliquer l'esprit et non de le suivre sur de

[1] Discours à la séance du 12 avril 1865.
[2] *Notice sur Mahomet,* par Kasimirski, p. xxvi.
[3] *Koran,* s. 21, v. 248.

fausses interprétations, au risque de compromettre la sûreté de leur nation et son bien-être.

Comment admettre, dès lors, qu'une chose sensée, avancée au nom du Tout-Puissant, soit révoquée sans un motif plausible? Ce serait une tromperie insigne tout au plus digne d'un homme vulgaire et non de Dieu qui n'a nul besoin d'employer la ruse à l'égard de ses créatures entièrement soumises à ses décrets.

VIII

Pour éviter d'entrer dans beaucoup de détails, nous nous bornerons à dire qu'on devra principalement appuyer sur cette considération que les Chrétiens ne sont pas ces infidèles, ni ces idolâtres contre lesquels le Koran lance de fréquents anathèmes, et qu'il est absurde de continuer à le penser en présence de tous les versets favorables aux Chrétiens, surtout le 85ᵉ de la 5ᵉ surate :

« Tu reconnaîtras que ceux qui nourrissent la haine la plus vio-
« lente contre les fidèles sont les juifs et les idolâtres, et que ceux
« qui sont le plus disposés à aimer les fidèles sont les hommes
« qui se disent chrétiens; c'est parce qu'ils ont des prêtres et des
« moines, et parce qu'ils sont sans orgueil. » Traduit par M. Kasimirski, p. 95.

Parmi les procédés tour à tour proposés pour assurer notre prépondérance dans l'Algérie, nul n'a songé, croyons-nous, à nous attacher les populations dissidentes en leur prouvant qu'il est une conformité de croyances entre nous; c'est cependant le seul qui puisse nous en assurer la possession.

L'entreprise offre quelques difficultés, mais est-ce une raison pour ne point tenter la chose et le plus tôt possible ?

Par excès de ménagements, nous sommes restés plus de trente ans dans des essais infructueux, et nous avons passé, aux yeux des Arabes, pour une nation faible et irrésolue.

Un des moyens civilisateurs à employer également est l'édification par les bonnes mœurs et les œuvres philanthropiques envers tous, car c'est par les actions qu'il faut parler aux Musulmans, à l'égard desquels nous sommes des païens, des impies ou des êtres incapables de tous sentiments constituant un esprit droit, un cœur vertueux, tel enfin que Dieu n'en a créé, prétendent-ils, qu'au sein de l'Islamisme.

Ces moyens devront être, en outre, le raisonnement, la conviction par le développement des arguments qu'on opposera aux principes sur lesquels se fondent les Musulmans.

Mais s'il est un argument qu'ils ne devraient pas récuser, c'est l'écrit sacré pour eux, appelé *El boukhari*, le second livre des Musulmans.

J'en fis le sujet d'un article que j'adressai dans le temps à l'*Institut d'Afrique*, et qui fut publié dans ses annales, page 54.

La venue des Français en Afrique était prédite, et les Arabes savaient qu'on se rendrait maitre de leur pays. Leur conduite pour repousser une nation que les contemporains de Mahomet lui ont annoncée comme devant les gouverner, est donc un acte de rébellion envers Dieu et le prophète.

Voici la prédiction éternellement connue dans tous les pays musulmans, et que des fakihs me communiquèrent, à diverses reprises, pendant mon séjour à Alger et à Oran, de 1818 à 1822. Elle est tirée du *Djefer*.

« Les descendants du Jaune (*Beni l'as far*), et ce sont les Français, « débarqueront au continent arabe sous quatre-vingt mille dra- « peaux et s'en empareront. »

Sur la demande : « Comment on savait que les descendants du « Jaune étaient les Français ? » on me répondit que *Kostolani* l'avait ainsi expliqué.

Cet écrit est attribué au gendre de Mahomet et à Giaffar-el-Sadeq, son petit-fils ; mais de doctes Musulmans prétendent que nul n'a pu en comprendre le véritable sens, attendu qu'Ali ne l'avait composé, sur les destinées futures de l'Islamisme, que pour sa famille et dans un style dont elle possédait seule la clef.

Il n'est cependant pas un Maure, sur toute la côte de Barbarie, dit un auteur italien, à qui l'on n'ait appris dès son enfance que le ciel a irrévocablement décrété que leur pays serait conquis par des soldats chrétiens vêtus de rouge [1].

Comment méconnaissent-ils, après cela, que notre conquête n'ait pas été dans les desseins de Dieu, lorsqu'ils admettent surtout que rien ne se fait sans la volonté de l'Être suprême !

C'est une preuve flagrante de leur mauvaise foi et en même temps de leur inconséquence dans l'usage des arguments qu'ils invoquent, puisqu'ils ne les emploient que selon les circonstances ou leurs caprices.

---

[1] M. Panauti, *Relation d'un séjour à Alger*, p. 592. Cet ouvrage a été écrit peu après le bombardement d'Exmouth, et l'auteur, voulant faire sa cour aux Anglais, changea la couleur jaune en rouge.

Les Algériens savent jouir de toutes les faveurs qu'on veut bien leur accorder, et à l'étranger, surtout en Turquie, ils tiennent à la qualité de Français, qui leur vaut des immunités, ce qui dénote également leur ingratitude.

Ce n'est certes pas le gouvernement des Turcs qu'ils peuvent regretter, puisqu'ils étaient aussi pirates à l'intérieur qu'à l'extérieur ; toute leur ambition est donc de reconquérir l'antique autonomie sans offrir aucune garantie pour la sûreté du pays et sa prospérité, les preuves de leur désunion étant aussi nombreuses que celles de leur incapacité pour pouvoir en douter.

IX

Notre esprit chevaleresque et bienveillant a valu jusqu'ici aux Arabes plus de bontés qu'ils n'en méritaient, surtout après leurs nombreuses insurrections, dont on a trop légèrement apprécié l'extrême gravité, même dans l'adresse en réponse au discours d'ouverture de la session législative, pour s'abandonner à l'espoir flatteur qu'elles ne se renouvelleront plus !...

Ce qui est beau en philosophie ne l'est pas en pratique, et si l'on croit pouvoir ramener, uniquement par la douceur et les concessions, un peuple à demi sauvage et aveuglément fanatique, on se fait grandement illusion, tout en risquant de perpétuer dans la colonie l'état actuel qui, malgré ses défectuosités, n'a pas moins coûté trente-cinq ans d'énormes sacrifices.

Au sujet du projet soumis au Sénat, pour régler l'état des habitants de l'Agérie, on se livre déjà à une exubérante confiance sur ses effets, et, à en croire un journal, « demander la naturalisation « est ainsi de la part des indigènes une déclaration solennelle qu'ils « préfèrent notre civilisation à leur statut personnel et qu'ils ne « gardent de leurs lois traditionnelles que ce qui concerne leurs « croyances religieuses et renoncent à tout ce qui règle leurs droits « politique et civil ; c'est en un mot un témoignage décisif de leur « progrès dans la voie de l'assimilation et de leur dévouement à la « France. [1].

Mais au lieu d'affirmer ainsi la chose, l'auteur de l'article aurait dû la présenter comme un vœu auquel tout le monde s'associerait, d'autant plus qu'il se montre lui-même dominé pour le doute, puisqu'il ajoute :

« Il ne faut pas s'attendre à voir beaucoup de Musulmans, si ce

[1] Journal la *France*.

« n'est des Maures et peut-être des Kabyles, s'empresser de pro-
« fiter des dispositions libérales du nouveau sénatus-consulte. »

Nous devons cependant espérer que son effet viendra avec le
temps, à la suite des moyens de rapprochement par nous indiqués
et ceux plus nombreux encore que l'on saura inventer. Le proverbe :
« Avant d'ensemencer, il faut labourer convenablement la terre et la
« fumer, sans quoi on s'expose à perdre sa semaille, » est connu des
Arabes et ils le pratiquent surtout au moral.

X

A l'occasion du voyage de l'Empereur et des mesures attendues
pour l'amélioration des contrées algériennes, la presse s'est mise
en frais de conjectures et de réflexions qu'on a sans doute lues,
ce qui nous dispense de nous étendre en rapportant beaucoup
de ces aspirations qui sont parfaitement les nôtres, voulant nous
en tenir à l'extrait d'un article de la *Gazette du Midi* du 29 avril à
la suite de la dernière insurrection des Arabes :

« Heureuse faute, y est-il dit, qui a montré le degré de recon-
« naissance que l'on pouvait attendre de ces hommes[1] et qui nous
« permet de les traiter comme ils le méritent, c'est-à-dire de les
« dépouiller d'un pouvoir qui, entre leurs mains, n'est qu'un
« moyen de pressurer les tribus. La France a donc, si elle le veut,
« un grand et beau rôle parfaitement tracé ; elle est appelée à de-
« venir la libératrice des Bédouins, en restreignant l'autorité abu-
« sive de leurs cheikhs et en assurant aux tribus le bienfait de la
« propriété individuelle. Mais pour initier plus sûrement ces
« peuples à la civilisation, il faut aussi leur opposer le contre-poids
« d'une population assez forte pour garder elle-même ses cultures
« et ses établissements, et qui, au besoin, rende disponible une plus
« grande masse de troupes expéditionnaires. »

Le général Allard a dit avec raison . « La question algérienne re-
« cevra sa véritable solution lorsque les grands courants d'émigra-
« tion qui traversent continuellement l'Europe, se dirigeront vers
« un pays qu'ils n'ont pas encore adopté et auront jeté en Algérie

---

[1] M. le vicomte Lanjuinais a bien reconnu, au Corps législatif, combien on se
trompait en croyant la soumission complète, notre domination entièrement acceptée,
la colonisation dans un progrès continuel, et enfin en pensant que la population se
développait régulièrement et promettait, dans un nombre d'années peu éloigné,
d'arriver à un chiffre tel qu'il pût former équilibre à celui de la population indigène..... quand deux rébellions sont venues nous désillusionner en 1864 et 1865.
(Séance du 11 avril.)

« 7 à 800,000 Européens. Ils seront la base d'une véritable colo-
« nisation. »

« Le devoir de la France, dit le *Courrier de l'Algérie*, étant la ré-
« demption du peuple vaincu, elle doit lui procurer la dignité par
« l'indépendance : elle doit *dissoudre la tribu*, détruire l'aristocra-
« tie, affranchir les masses pour la constitution de la propriété in-
« dividuelle.

« La France se doit à elle-même de rendre l'Algérie prospère,
« française de cœur, de génie, de race, pour accroître sa puissance
« et dominer dans cette partie du monde.

« Or, elle n'obtiendra ce résultat, nos plus vaillants capitaines
« l'ont affirmé d'une voix unanime, et M. le commissaire du gou-
« vernement vient de le répéter à la tribune, elle n'obtiendra ce
« résultat que par l'implantation en Algérie d'une colonie euro-
« péenne nombreuse et forte[1]. »

Pour le moment, comme l'a justement déclaré M. le général
Allard, le gouvernement militaire est le seul qui puisse convenir
aux Arabes, parce que ce régime est loin d'exclure les bienfaits de
la civilisation, autant par les actes de bonté que les autorités savent répandre à propos, que par l'exemple que le soldat communi-
que aux populations par sa discipline et son amour du travail. »

Quelle meilleure preuve pouvons-nous donner des bons effets de
ce gouvernement que les éloges qu'en ont fait en dernier lieu les
Anglais !

« L'Empereur des Français trouvera en Algérie plus d'un sujet de
« satisfaction. Il y verra les résultats de trente années de travaux
« militaires bien dirigés ; les routes militaires se sont admirablement
« perfectionnées ; nulle part en aucune partie du monde les postes
« militaires ne sont aussi judicieusement choisis et nulle part on
« ne pourrait trouver une organisation militaire plus complète.

« L'armée est généralement sur le pied d'une discipline parfaite
« et toujours en mesure d'agir. Le peuple conquis est gouverné

---

[1] En 1849, il fut question d'engager des Maronites à s'établir en Algérie, et ce
judicieux projet conçu et adopté par le général d'Hautpoul, n'étant pas approuvé
par son successeur au ministère de la guerre, resta sans exécution. Je connais
assez la Syrie et le Liban pour savoir que les habitants chrétiens de cette mon-
tagne réussiraient parfaitement dans notre colonie avec leurs familles et leurs
prêtres, et de plus qu'ils seraient de bons auxiliaires pour nous, comme auprès
des indigènes, en leur faisant connaître qu'il est au monde des Arabes chrétiens,
laborieux et amis des Français. Le pays qu'ils quitteraient se trouvant, sous la
même latitude que l'Algérie et dans des conditions de terrains semblables à celles
de leurs montagnes, on n'aurait pas à craindre pour eux le changement de climat.
Je devais être chargé de cette commission.

« avec justice et intelligence, les officiers français se sont donné la
« peine, pour la plupart, non-seulement d'apprendre le langage des
« indigènes, mais d'étudier leurs lois et d'acquérir une connais-
« sance approfondie de leurs mœurs et de leurs coutumes. Le chef
« du bureau français-arabe administre en général mieux la justice
« et même les lois mahométanes que ne le fait le Cadi sous sa propre
« tente.

« Les impôts sont légers, et excepté aux époques, en quelque
« sorte périodiques, de révolte, le pays est sûr. Les dangers même
« de l'insurrection ont été réduits de telle sorte, qu'ils ont pour
« ainsi dire cessé d'exister, et bien que les mesures prises n'empê-
« chent point la surexcitation accoutumée de se produire toutes
« les fois qu'un nouveau prophète s'élève et qu'un vent nouveau de
« fanatisme passe sur la tribu, les superstitions sémitiques tendent
« cependant à décroître ; en un mot l'Afrique est une grande et
« magnifique conquête aussi soigneusement que bien conservée. »
Times du 25 avril 1865.

Ce tableau qu'on ne saurait accuser de partialité de la part d'un
journal qui ne passe pas pour être un des plus amis de la France,
ne fait-il pas ressortir en même temps, que si tout va bien en ce
qui nous concerne, les Arabes laissent beaucoup à désirer puisque
l'expérience d'un gouvernement modèle ne les empêche pas de
compromettre leur bien-être à la voix d'un marabout ou sous la
brise d'un courant de fanatisme qui les atteint?

L'Empereur était, au surplus, bien au fait de l'état de l'Algérie,
puisqu'en débarquant sur son sol il a annoncé la cause des maux
de cette colonie et les moyens de les guérir, tout en promettant que
« les Arabes contenus et éclairés sur nos institutions bienveillantes
« ne pourront plus troubler la tranquillité du pays. »

Un mois entier employé à visiter les trois provinces de l'Algérie,
dans le plus grand détail, doit avoir fourni à un souverain déjà si
bien informé, des renseignements qui, en complétant son instruction
sur la grande colonie, le fixeront définitivement quant au régime
qu'il avait sans doute en vue d'y établir. C'est donc en pleine confiance que nous devons attendre ses décrets, puisqu'il a dit en quit-
tant la terre africaine qu'il avait une foi profonde dans l'avenir et
la prospérité future de l'Algérie.

Puisse le ciel couronner de si belles espérances et réserver par un
brillant avenir à cette terre nouvellement acquise au Christianisme !

IMP. SIMON RAÇON ET COMP., RUE D'ERFURTH, 1.